Vera Ruoff

Die Töpfchenhexe in Mexiko

Ueberreuter

ISBN 3 8000 1652 4
J 887/1

Umschlag und Illustrationen von Franz Josef Tripp

Gesamtherstellung: Salzer – Ueberreuter, Wien
Printed in Austria

In ihrer Hütte, die im tiefen Tannenwald steht, saß die Töpfchenhexe auf ihrem Sofa und häkelte.
Aber die Häkelarbeit machte ihr so gar keinen Spaß, denn das Muster war sehr schwierig.
Als dann plötzlich auch noch ein Knoten im Garn war, schob sie die Arbeit unter ein Sofakissen und stand auf. »Du, Schluribumbi, ich geh' jetzt noch ein Weilchen zu Suseldrus, kommst du mit?« sagte sie zu ihrem Kater, der oben auf dem Schrank lag und halb wach war und halb schlief.

»Da muß ich erst mal gucken, ob mein Bauch schon trocken ist«, antwortete der Kater.

»Wieso sollte dein Bauch naß sein?« fragte die Töpfchenhexe erstaunt.

»Weil ich mich vorhin auf deinen nassen Waschlappen gelegt habe.«

»Und wie kommt mein Waschlappen auf den Fußboden?« fragte die Töpfchenhexe.

»Das weiß ich auch nicht«, sagte Schluribumbi und betrachtete seinen Bauch.

Da er trocken war, sprang der Kater vom Schrank auf das Sofa und von dort auf den Fußboden, lief zur Tür und schaute hinaus.

»Es ist dunkel draußen, und regnen tut es auch«, stellte er fest.

Doch die Töpfchenhexe wollte sich nicht davon abbringen lassen, ihren Freund, den Zauberer Suseldrus, zu besuchen.

»Dann nehmen wir eben den Schirm«, sagte sie und ging in die Rumpelkammer, um ihn herauszuholen.

Um nicht naß zu werden, stellte sich Schluribumbi solange unter die große Tanne neben der Hütte.

Die Töpfchenhexe ließ die Tür ihrer Hütte zufallen, spannte ihren alten Regenschirm auf und nahm Schluribumbi auf den Arm.

»Komm«, sagte sie, »ich trag' dich, bei diesem Regen mußt du auch mit unter den Schirm. Wenn du läufst, habe ich dich doch nur andauernd zwischen den Beinen.«

So lief sie auf den Turm zu, in dem Suseldrus lebte.

»Bei Suseldrus brennt in der Küche noch Licht«, bemerkte Schluribumbi.
»Und in seinem Studierzimmer auch«, fügte die Töpfchenhexe hinzu.
»Also ist er noch wach«, stellte Schluribumbi fest. »Oder aber er schläft schon und hat vergessen, das Licht auszumachen.«
Aber Suseldrus schlief nicht, sondern er saß, als die Töpfchenhexe und Schluribumbi bei ihm anklopften, in der Küche vor seinem Herd, aus dem ein köstlicher Duft aufstieg.
»Rosinenbrötchen?« fragte die Töpfchenhexe.

Suseldrus schüttelte den Kopf.
»Mohnbrötchen«, sagte er.
»Ach ja«, die Töpfchenhexe schnupperte, »jetzt rieche ich auch den Unterschied. Wann sind sie denn fertig?«
»Gleich«, sagte Suseldrus und hielt schon die Topflappen griffbereit in der Hand.
Die Töpfchenhexe und Schluribumbi gingen einstweilen in das Studierzimmer.
Schluribumbi sprang gleich auf seinen Lieblingsplatz, eine Topfpflanze mit weichen Blättern, die schon ganz platt gedrückt waren, weil er so oft dort gesessen hatte. Hier rollte er sich gemütlich zusammen, und bevor er einschlief, warf er noch einen Blick auf die Töpfchenhexe, die sich über den Schreibtisch von Suseldrus gebeugt hatte. Eine Landkarte und ein aufgeschlagenes Buch lagen dort. »Wollen wir verreisen?« fragte die Töpfchenhexe den Zauberer.
Aber Suseldrus hörte nichts, denn er war damit beschäftigt, die Mohnbrötchen aus dem Ofen zu nehmen. Und weil er im Augenblick wirklich keine Zeit zum Antworten hatte, zog die Töpfchenhexe das aufgeschlagene Buch näher zu sich heran.
»Suseldrus!« rief sie entzückt aus, als sie die aufgeschlagene Seite näher betrachtete. »Suseldrus, das sind ja lauter Töpfchen!«
Suseldrus hatte die Mohnbrötchen auf einen Teller gelegt und kam damit in das Studierzimmer.
»Mexikotöpfchen sind das«, sagte er und schaute ebenfalls auf die aufgeschlagene Seite.

»Was für Mexikotöpfchen sind das, Suseldrus? Wieso Mexiko?« fragte die Töpfchenhexe neugierig.
»Au«, war die einzige Antwort des Zauberers. Er hatte angefangen, die Mohnbrötchen aufzuschneiden, und die waren innen noch sehr heiß.
»Suseldrus, warum sind das Mexikotöpfchen?« fragte die Töpfchenhexe noch einmal.
Suseldrus steckte einen Krümel Mohnbrötchen in den Mund. »Weil«, antwortete er dann, »das Buch, das du da hast, ein Buch über die Mexikoindianer ist. Und diese

Töpfchen, die da abgebildet sind, werden von den Frauen der Puebloindianer gemacht.«

»Was sind Puebloindianer, und woraus machen sie diese Töpfchen?«

Die Töpfchenhexe schaute Suseldrus erwartungsvoll an.

»Ich habe übrigens auch ein bißchen Hunger«, sagte plötzlich Schluribumbi, der beim Aufwachen die Brötchen entdeckt hatte.

»Suseldrus, bitte, was sind die Puebloindianer, und woraus sind diese Töpfchen gemacht?« fragte die Töpfchenhexe noch einmal. Suseldrus zuckte mit den Schultern.

»Die Indianer, die diese Töpfchen machen, heißen nun einmal so«, war die Antwort des Zauberers, »und gemacht werden diese Töpfchen aus Ton.«

»Und was ist Ton?«

»Erde«, sagte Suseldrus, »so eine Art Erde, die naß ist und sich wie Brötchenteig kneten und formen läßt. Die fertig geformten Dinge kann man dann in einen besonders dafür gebauten Backofen geben, wo sie bei großer Hitze gebrannt und ganz hart werden.«

Nach dieser langen Rede ging Suseldrus in die Küche, um die Butter zu holen.

»Ganz hart, Suseldrus, wirklich hart und unzerbrechlich?« fragte die Töpfchenhexe zweifelnd, als er zurückkam.

»Ja, fast«, sagte Suseldrus, »auf alle Fälle nicht so zerbrechlich wie meine Mohnbrötchen.«

Beim Aufschneiden waren die Brötchen nämlich zerbröckelt. Suseldrus stöhnte. Außerdem ärgerte er sich,

weil die Butter sofort in den Brötchenhälften verschwand. Sie waren noch zu warm, und so schmolz die Butter.
»Ich will doch lieber keine Brötchen«, ließ sich Schluribumbi von seinem Blumentopfplatz hören. »Hast du keine Würstchen da?« Der Zauberer ging in die Küche, um die Würstchen zu holen, und die Töpfchenhexe rief ihm nach:
»Suseldrus, ich möchte gerne eines von diexen Mexikotöpfchen haben! Das wäre dann mein einhundertunderstes.«
»Und ich möchte einen neuen Herd haben«, sagte Suseldrus. Er stellte Schluribumbi einen Teller mit Würstchen hin. »Mein Herd bäckt völlig unregelmäßig, auf der einen Seite werden die Brötchen zu braun, und auf der anderen Seite bleiben sie weiß.«

Er setzte sich, biß in eines der mit Butter beschmierten Brötchen und schob der Töpfchenhexe auch eines hin.
»Suseldrus«, sagte die Töpfchenhexe noch einmal, »ich möchte wirklich gern so ein Mexikotöpfchen haben, es wäre dann mein einhundertunderstes Töpfchen.«
Das Sammeln von Töpfchen war nämlich die große Leidenschaft der Töpfchenhexe. Hundert Stück hatte sie schon. Alle standen in ihrer Hütte auf einem Regal und waren angefüllt mit den verschiedensten Teesorten. Teeblätter für Bauchwehtee, Husten- und Schnupfentee bewahrte sie in ihren Töpfchen auf, die mit festen Deckeln gut verschlossen waren und jeden Montag von der Töpfchenhexe mit einem weichen Wollappen abgestaubt wurden. Im einhundertsten Töpfchen, einem ganz besonders schönen Töpfchen, das innen und außen mit Goldpapier beklebt war, hob sie alle abgegangenen Knöpfe auf. Sie war sehr ordentlich, und irgendwann einmal, wenn sie die Zeit dazu haben würde, wollte sie alle diese Knöpfe wieder annähen.
Und nun saß sie in Suseldrus' Studierzimmer, hatte das Mexikobuch vor sich, aß Mohnbrötchen und wünschte sich ein Mexikotöpfchen. Die meisten Töpfchen aus Mexiko waren braun, aber einige waren mit bunten Girlanden verziert, und auf ein weißes Töpfchen waren sogar Hirsche gemalt. Die Töpfchenhexe konnte den Blick nicht von diesem Töpfchen wenden.
»Jetzt habe ich Durst«, sagte Suseldrus, »kochst du mir einen Tee?«
Die Töpfchenhexe stand auf und fragte noch schnell:

»Möchtest du lieber Einschlaf- oder Aufwachtee haben?«
Das Kochen besonderer Sorten von Tee war nämlich die zweite Leidenschaft der Töpfchenhexe.
»Mach mir lieber einen Einschlaftee«, meinte Suseldrus, »es ist ja gleich neun Uhr, ich möchte bald schlafen gehen.«
Die Töpfchenhexe kochte den Einschlaftee, und als er fertig war, trug sie zwei Tassen und die volle Teekanne in das Studierzimmer.
Während sie den Tee tranken, schaute sich die Töpfchenhexe wieder das Mexikobuch an und blätterte um. Als sie dann sah, was auf der nächsten Seite abgebildet war, konnte sie vor Entzücken fast nicht reden. Die ganze Seite zeigte ein einziges Töpfchen, es war den anderen Töpfchen sehr ähnlich, nur hatte es einen dicken Bauch, der mit vielen Blättern und Girlanden verziert war. In der Mitte war ein Vogel mit einem langen Schnabel zu sehen. Seine drei Schwanzfedern waren mit lauter kleinen Punkten bemalt, sein Bauch mit winzigen Kreuzen, und auf seinem Schnabel waren lauter Striche zu sehen.
»Suseldrus, Schluribumbi, bitte, guckt euch das an!« Sie schob das Buch zu Suseldrus hinüber und blickte zu Schluribumbi, doch der schlief ganz fest.
Suseldrus sah sich das Bild an und sagte dann:
»Ja, das ist das Töpfchen ›O-die-wip-tie‹.«
Mit großen, runden Augen schaute die Töpfchenhexe den Zauberer an, sie hatte nicht ganz verstanden.
»Was ist das für ein Töpfchen?«

»Dies Töpfchen«, erklärte Suseldrus, »ist auch für die Puebloindianer ein besonders wichtiges und schönes Töpfchen. In jedem Indianerdorf gibt es nur *ein* solches Töpfchen. Es steht im Haus des Häuptlings und wird von ihm sehr sorgfältig behütet.«

»Sag mir den Namen dieses Töpfchens noch einmal, Suseldrus. Wie heißt es?«

»Das ist das Töpfchen ›O-die-wip-tie‹. Wenn man das Wort übersetzt, dann heißt das ungefähr: Töpfchen der Vergangenheit.«

Schluribumbi war schließlich aufgewacht und hörte den Erzählungen des Zauberers gespannt zu.

»Warum ist es das ›Töpfchen der Vergangenheit‹?« fragte die Töpfchenhexe.

»Früher glaubten die Indianer, daß jeden Abend, nachdem der letzte im Dorf eingeschlafen war, ein Punkt auf dieses Töpfchen flog, so daß auf dem Schwanz des Vogels ein Punkt mehr zu sehen war. Wenn eine Woche zu Ende war, dann flogen in dem Augenblick, in dem der letzte eingeschlafen war, ein Punkt und ein Kreuz auf den gemalten Vogel, und wenn ein Monat zu Ende gegangen war, flogen an diesem Abend ein Punkt auf die Schwanzfedern, ein Kreuz auf den Bauch und ein Strich auf den Schnabel des Vogels.«

Die Töpfchenhexe hatte sehr still dagesessen und aufmerksam den Erklärungen des Zauberers Suseldrus zugehört. »Und wenn ein Jahr um war, was flog dann auf den Vogel?«

»Dann flogen an diesem Abend, wenn der letzte eingeschlafen war, ein Punkt, ein Kreuz und ein Strich auf die Zehen des Vogels«, antwortete Suseldrus.

»Suseldrus«, sagte die Töpfchenhexe schläfrig, denn der Einschlaftee begann zu wirken, »dieses Töpfchen ›O-die-wip-tie‹ möchte ich schrecklich gerne haben. Mein einhundertunderstes wäre es. Und mein schönstes.«

»Und was würdest du hineintun?« fragte Suseldrus.

»Weißt du, darüber denke ich jetzt noch nicht nach. Erst mal überlege ich, wie ich ein ›O-die-wip-tie‹-Töpfchen bekommen könnte.«

»Es ist unerreichbar«, meinte der Kater vom Blumentopf her.

»Suseldrus, wie kommt man nach Mexiko?«

»Mit dem Flugzeug«, antwortete er und trank den letzten Tropfen Einschlaftee aus.

»Und wie lange fliegt so ein Flugzeug nach Mexiko?« wollte die Töpfchenhexe weiter wissen.

»Vielleicht zehn Stunden, vielleicht auch zwanzig Stunden.« Suseldrus wußte es nicht genau.

»Aber Geld braucht man«, meinte die Töpfchenhexe, »denn so eine Flugzeugkarte muß bezahlt werden.«

Das wußte sie von Oma Beegenbiel, die auch im Wald wohnte, Kräuter sammelte und verkaufte. Das verdiente Geld hatte sie aber nicht ausgegeben, sondern so lange gespart, bis sie genug beisammen hatte, um damit eine Fahrkarte für einen Flug nach Amerika kaufen zu können. Denn in Amerika wohnte Oma Beegenbiels Sohn August, den sie seit vielen Jahren nicht gesehen hatte. Und vor ein paar Tagen nun war Oma Beegenbiel abgeflogen.

Die Töpfchenhexe, Suseldrus und Schluribumbi hatten sie zum Flughafen begleitet.
»Und so eine Fahrkarte nach Mexiko ist teuer«, sagte Suseldrus. Die Töpfchenhexe betrachtete gedankenverloren Schluribumbi, dessen schwarzes Fell wie Samt glänzte. Dann zog sie das Mexikobuch wieder näher zu sich heran. Und sie betrachtete das Töpfchen O-die-wip-tie, das Töpfchen der Vergangenheit. Ich würde es in die Mitte des Regals stellen, überlegte sie, dann würden links fünfzig Töpfchen stehen, rechts würden fünfzig stehen und in der Mitte das Töpfchen O-die-wip-tie.
Das dachte sich die Töpfchenhexe nur. Laut sagte sie: »Suseldrus, stell dir mal vor, wir hätten das Geld für das Flugzeug, oder wir hätten ganz einfach die Fahrkarten, so, als wenn sie uns jemand geschenkt hätte. Dann würden wir uns in das Flugzeug setzen . . .«
»Und das Flugzeug würde losfliegen«, setzte Schluribumbi fort und schaute die Töpfchenhexe an, deren Augen schon sehr schläfrig aussahen. Auch bei Suseldrus fing der Einschlaftee kräftig an zu wirken. Aber die Töpfchenhexe war noch ganz wach, als sie weitersprach:
»Jawohl, das Flugzeug würde losfliegen, und nach zehn oder zwanzig Stunden würden wir auf dem Flughafen in Mexiko ankommen. Und dann, Suseldrus, und dann? Wie kommt man dann in so ein Dorf, in dem diese Puebloindianer wohnen, die alle diese Töpfchen selber machen? Suseldrus, wie kommt man vom Flughafen in Mexiko in so ein Dorf und zu dem Häuptling, der ein O-die-wip-tie-Töpfchen hat?«

Suseldrus gähnte, stand auf und fing an, sein Bett zu machen. »Ach«, sagte er, »das würde sich dann finden.«
»Sag mir das genauer, wie meinst du das, Suseldrus? Was würde sich dann finden?«
Die Töpfchenhexe rieb sich die Augen, und Suseldrus gähnte wieder.
»Ach«, sagte er und legte sein Kopfkissen zurecht, »alles würde sich finden. Vielleicht ist auf dem Flughafen ein Wegweiser, der in ein Indianerdorf zeigt oder . . .«
»Oder mitten auf dem Flughafen steht eine Indianerfrau und verkauft solche Töpfchen als Andenken, für die Leute, die wieder aus Mexiko fortfliegen«, kam es von der plattgedrückten Blattpflanze, »und vielleicht fallen dort in Mexiko die Würstchen vom Himmel und der Einschlaftee auch.«
Die Töpfchenhexe hörte nicht auf den Kater. Sie stand auf, und warf einen letzten Blick auf die Seite des Mexikobuches, auf der das Töpfchen der Vergangenheit abgebildet war. Dann ging sie zur Blattpflanze und nahm Schluribumbi auf den Arm.
»Wir brauchten also nur die Flugkarten für ein Mexikoflugzeug, und wenn wir in Mexiko ankämen, würde sich alles andere finden, hast du doch gesagt, Suseldrus, nicht wahr?«
Die Töpfchenhexe schaute den Zauberer an, der beim Gähnen mit dem Kopf nickte.
»Alles würde sich finden«, wiederholte er und hob den Deckel der Teekanne, um nachzusehen, ob noch ein wenig Einschlaftee da war.

Aber der Einschlaftee war alle. Suseldrus trug die Teekanne und die Tassen in die Küche. Die Töpfchenhexe folgte ihm.
»Vergiß deinen Schirm nicht«, sagte Suseldrus. »Schlaf gut! Und paß auf, wenn du die Treppe hinuntergehst, damit du nicht fällst.«
»Dann wären wir doch um so schneller unten«, stellte Schluribumbi fest.
Suseldrus ging vorsichtshalber mit. Es regnete immer noch. Die Töpfchenhexe spannte den Schirm auf.
»Müßten wir eigentlich, wenn wir nach Mexiko fliegen würden, den Schirm mitnehmen? Regnet es in Mexiko auch?«
Suseldrus schüttelte den Kopf.
»Es regnet sehr selten in Mexiko.«
»Dann brauche ich den Schirm also nicht mitzunehmen.«
Die Töpfchenhexe lief, nachdem sie Suseldrus eine gute Nacht gewünscht hatte, zu ihrer Hütte.
Als sie im Bett waren und Schluribumbi sich wie immer auf das Bettende gelegt hatte, um die Füße der Töpfchenhexe zu wärmen, schlief der Kater sofort ein. Doch die Töpfchenhexe lag noch lange wach und dachte an Mexiko und die schönen Töpfchen.

Am nächsten Morgen wachten beide sehr spät auf. Der Kater wartete ungeduldig, mit knurrendem Magen auf das Frühstück. Als sie endlich beim Essen saßen, kam Suseldrus. Er brachte der Töpfchenhexe Rosinenbrötchen, die er in aller Frühe gebacken hatte.

In der Hand trug er ein kleines braunes Fläschchen.
Die Töpfchenhexe biß in ein Rosinenbrötchen. »Das sind ja mehr Rosinen als Brötchen«, sagte sie.
»Deswegen bin ich ja gekommen«, gestand Suseldrus, und brach eines der Rosinenbrötchen auseinander. Das ganze Brötchen schien nur aus Rosinen zu bestehen, kaum

ein Teigkrümel war zu sehen. »Mirabellchen, dieses Schaf . . .«

»Ich dachte, Mirabellchen ist eine Eule«, unterbrach Schluribumbi. Aber die Töpfchenhexe hatte gleich verstanden:

»Ist Eule Mirabellchen dir mal wieder ins offene Fenster geflogen, als du beim Backen warst? Durch den Wind, den ihre Flügel machen, ist das ganze Mehl durch die Küche geflogen, nicht wahr?«

»Ja, ja, so war es, gerade als ich das Mehl auf die Rosinen geschüttet habe, kam sie an, und – hui – das ganze Mehl flog durch die Küche.«

»Und warum hast du kein neues Mehl genommen?« fragte die Töpfchenhexe.

»Weil ich kein neues Mehl mehr im Haus hatte. Und nun brauche ich ein bißchen von deinem Zaubertee.«

Suseldrus schob der Töpfchenhexe das leere braune Fläschchen hin. Die Töpfchenhexe griff nach der großen Flasche, in der ihr Zaubertee war. Sie bespritzte damit die Krümel, die auf dem Frühstückstisch lagen – und sie verschwanden im Nu. Sie bespritzte damit die Krümel, die auf dem Fußboden lagen – und die Krümel verschwanden im Nu. Und die Flecken, die auf dem Herd waren, bespritzte sie auch – und sie verschwanden ebenfalls. Ja, ihr Zaubertee war eine feine Sache, der beste Tee, den sie hatte, und sie war sehr stolz darauf. Sie füllte ein wenig davon in Suseldrus' braunes Fläschchen.

»Danke, das genügt«, sagte der Zauberer. »Wenn ich damit meine Küche bespritze, wird das verstreute Mehl

im Nu verschwunden sein. Denn wenn ich alles das auffegen müßte, hätte ich heute und morgen damit zu tun.«
»So können wir morgen etwas Besseres unternehmen«, schlug die Töpfchenhexe vor. »Ich möchte morgen zum Flughafen gehen und mal sehen, wie das Flugzeug nach Mexiko abfliegt.«
Fragend schaute sie den Zauberer an. Der nickte. Er hatte sich für den nächsten Tag noch nichts anderes vorgenommen.

So gingen die Töpfchenhexe, der Zauberer Suseldrus und Schluribumbi tags darauf zum Flughafen und schauten den abfliegenden Flugzeugen zu. In das Flugzeug nach Mexiko waren nicht viele Leute eingestiegen. Die Hälfte der Plätze blieb unbesetzt.
»Hast du das gesehen?« fragte die Töpfchenhexe den Zauberer, »da fliegt nun die Hälfte von allen Plätzen umsonst mit.«
Suseldrus nickte. In die Flugzeuge nach Frankreich und Italien waren viel mehr Leute eingestiegen.
Nachdem das Mexikoflugzeug hoch oben in den Wolken verschwunden war, verließen die drei den Flughafen und gingen nach Hause.
»Aber morgen, übermorgen und überübermorgen muß ich neue Zaubertricks ausprobieren, da möchte ich bitte nicht gestört werden«, bat Suseldrus, als sie sich vor dem Haus der Töpfchenhexe verabschiedeten. Das sah die Töpfchenhexe ein.

»Ich habe selbst etwas vor«, sagte sie leise.
Und am nächsten Tag ging sie, ohne Schluribumbi mitzunehmen, wieder zum Flughafen, am übernächsten wieder und am überübernächsten auch.
Sie war immer genau zu dem Zeitpunkt dort, wo das Mexikoflugzeug abflog, und jeden Tag war es das gleiche: Die Hälfte der Plätze blieb unbesetzt und flog umsonst mit.
In diesen drei Tagen war die Töpfchenhexe sehr still und sprach kaum. Schluribumbi sah sie oft fragend an.
Und am vierten Tag ging die Töpfchenhexe wieder zum Flughafen. Aber sie ging nicht auf die Zuschauerterrasse, um dem abfliegenden Mexikoflugzeug nachzusehen, sondern sie ging in die Halle des Flughafens hinein. Dort schaute sie auf alle Türen, bis sie die richtige fand.
»Flughafendirektion«, stand auf dieser Tür, und unter dem Wort »Flughafendirektion« stand der Name des Flughafendirektors: C. Kowalskie.
Die Töpfchenhexe klopfte an.
Herr Kowalskie rief: »Herein!«
Die Töpfchenhexe trat ein. Herr Kowalskie schaute etwas überrascht, als er die Töpfchenhexe vor sich sah.
Und die Töpfchenhexe schaute etwas beklommen Herrn Kowalskie an, als sie ihn fragte:
»Herr Kowalskie, ich, Suseldrus und Schluribumbi, wir möchten gerne nach Mexiko und haben leider kein Geld, um die Flugkarten zu bezahlen. Drei Tage lang habe ich jetzt gesehen, daß immer nur die Hälfte der Plätze in dem Flugzeug, das nach Mexiko fliegt, besetzt ist. Könnten

wir drei uns da nicht einmal ausnahmsweise auf diese Plätze setzen, wenn diese Plätze doch sowieso umsonst mitfliegen . . .«

Sie hörte mit dem Sprechen auf, schaute Herrn Kowalskie fragend an, zuckte dann mit den Schultern und sagte:

»Ich weiß, daß das nicht geht, natürlich geht es nicht. Oder . .. ?«

Herr Kowalskie lächelte, lachte und schmunzelte gleichzeitig. »Natürlich nicht«, sagte er, »natürlich geht das nicht. Was wäre denn, wenn alle so denken würden?«

»Aber es wollen ja nicht alle nach Mexiko.« Die Töpfchenhexe schaute Herrn Kowalskie bittend an: »Doch nur wir drei!«

Herr Kowalskie zog an seiner Zigarette und vergaß, die Asche über dem Aschenbechre abzustreifen. Sie fiel auf den Boden. Ohne viel darüber nachzudenken, holte die Töpfchenhexe das Fläschchen mit dem Zaubertee aus ihrer Schürzentasche. Sie bespritzte die Asche, die sofort verschwand. Herr Kowalskie sah staunend zu.

Die Töpfchenhexe bemerkte das Staunen und erklärte:

»Ja, mein Zaubertee ist gut. Aber mein Bauchweh- und mein Hustentee auch.«

»Und warum wollt ihr eigentlich nach Mexiko fliegen?« fragte Herr Kowalskie.

»Wegen des Töpfchens O-die-wip-tie«, sagte die Töpfchenhexe. »Wenn man das übersetzt, dann heißt das ›Töpfchen der Vergangenheit‹. Ich sammle Töpfchen«, erklärte sie dem interessiert zuhörenden Herrn Kowalskie. »Hundert Stück habe ich schon, und dieses, das Töpfchen

O-die-wip-tie von den Mexikoindianern, wäre dann mein einhundertunderstes. Und vor allem wäre es mein schönstes«, fügte sie hinzu.

»Und die Reisepässe«, erkundigte sich Herr Kowalskie, »sind denn die in Ordnung?«

Die Töpfchenhexe zuckte mit den Schultern. Sie wußte gar nicht, was Reisepässe sind.

»Ein Reisepaß ist ein Papier, auf dem steht, wer man ist«, erklärte Herr Kowalskie. »Und einen Reisepaß braucht man, um ins Ausland zu reisen.«

Und dann sprach er weiter:

»Ich werde die Reisepässe beantragen lassen. In einer Woche können sie abgeholt werden.«

»Dann dürfen wir also?« fragte die Töpfchenhexe aufgeregt, »dann dürfen wir also – ausnahmsweise?«

Herr Kowalskie schwieg und schrieb drei Flugkarten aus.

»Schluribumbi braucht keinen Extraplatz«, versicherte die Töpfchenhexe eilig, »den nehm' ich auf den Schoß.«

Schweigend schob Herr Kowalskie der Töpfchenhexe die Flugscheine zu.

»Am Montag könnt ihr fliegen, da sind die meisten Plätze frei.«

Da fing die Töpfchenhexe laut zu lachen an.

»Montags«, sagte sie, »montags kann ich eigentlich nicht nach Mexiko fliegen, denn montags muß ich immer meine Töpfchen putzen. Aber nun ist alles egal, Hauptsache, wir fliegen nach Mexiko, nach Mexiko, und alles andere wird sich finden, hat Suseldrus gesagt.«

Überglücklich streckte sie Herrn Kowalskie die Hand entgegen. »Danke schön«, rief sie, »vielen Dank, und die Reisepässe hole ich dann noch ab.«
Sie rannte aus dem Flughafengebäude und flog dann fast zurück zu ihrer Hütte, so schnell lief sie.
Noch ganz außer Atem, legte sie dem Kater die Flugscheine vor die Nase.
»Riecht nach nichts«, meinte Schluribumbi.
»Flugscheine nach Mexiko sind das, und die riechen nach nichts. Komm mit, ich will sie Suseldrus bringen.«
Schon rannte die Töpfchenhexe los, und Schluribumbi sprang mit großen Sätzen hinter ihr her.
Die Töpfchenhexe rannte die Treppen in Suseldrus' Turm hoch. Als sie dem Zauberer gegenüberstand, war sie plötzlich ganz ruhig.
Suseldrus hatte seinen Herd auseinandergenommen. »Der bäckt überhaupt nicht mehr richtig«, sagte er verärgert. »Der ist viel zu umständlich gebaut.«
Ohne die leuchtenden Augen der Töpfchenhexe zu sehen, betrachtete er die einzelnen Teile des Herdes, die nun auf dem Boden der Küche verteilt lagen.
»Die Mexikoindianer haben einen ganz einfachen Herd. In einer großen, hohlen Kugel brennt das Feuer. Ganz einfach. Nur eines ist mir dabei nicht klar . . .«
Suseldrus sprach nicht weiter, sondern ging in sein Studierzimmer und schlug das Mexikobuch auf.
Er betrachtete die Seite, auf der der Ofen abgebildet war.
»Ach, so ist das«, nickte er, »nur eines möchte ich wissen, wenn . . .«

Doch bevor Suseldrus weiter nachgrübeln konnte, legte die Töpfchenhexe die Flugscheine auf das aufgeschlagene Buch. Ihre Augen blitzten vor Freude, als sie Suseldrus' verdutztes Gesicht sah.

»Und alles andere, hast du gesagt, würde sich dann finden. Und am Montag fliegen wir.«
Suseldrus ließ sich auf das Sofa fallen und konnte vor Überraschung nichts sagen. Die Töpfchenhexe öffnete unterdessen den Wäscheschrank des Zauberers, denn sie dachte ans Kofferpacken.
»Suseldrus, hier ist nur ein Hemd drin, drei Strümpfe, nur dieser eine Pullover – heißt das, daß alles andere in der Wäsche ist?«
»Kann sein«, sagte er und nickte. Dann ging er in die Küche, um Teewasser aufzusetzen. Beruhigungstee sollte ihm die Töpfchenhexe diesmal kochen.
Dann erzählte die Töpfchenhexe, wie sie es erreicht hatte, die Flugscheine zu bekommen. Schluribumbi war inzwischen auf seiner Blattpflanze eingeschlafen. Weil die Töpfchenhexe schnell nach Hause wollte, um vor ihrer großen Reise die Hütte noch einmal gründlich zu putzen, ließ sie den Kater bei Suseldrus zurück.
Nach getaner Arbeit ging sie zurück zum Turm des Zauberers, um Schluribumbi abzuholen.
Sie entdeckte ihn, wie er dasaß und sich mit Eule Mirabellchen unterhielt.
Er hatte ihr natürlich erzählt, daß sie nach Mexiko fliegen würden. Eule Mirabellchen hatte sich alles angehört, kaum etwas dazu gesagt und war beim Auftauchen der Töpfchenhexe davongeflogen.
Ohne viel zu reden, gingen die Töpfchenhexe und Schluribumbi in ihre Hütte, legten sich schlafen und wachten am nächsten Morgen sehr vergnügt auf.

Es war Freitag.
»Noch heute, morgen und übermorgen – am Montag geht's los, Schluribumbi«, sagte die Töpfchenhexe und zog sich an.
»Wir wollen jetzt zu Suseldrus gehen und ihm die Wäsche in Ordnung bringen.«
Als sie alles gewaschen und gebügelt hatte, war es Abend geworden. Beim Weggehen meinte sie:
»Du mußt noch die Küchenfenster reparieren, sie gehen doch immer von alleine auf. Und wenn sie aufgehen, während wir fort sind, wird es hineinregnen.«
Suseldrus versprach es ihr.
Am Samstag wurde das Fenster gerichtet. Am Sonntag tat die Töpfchenhexe etwas ganz Ungewöhnliches:
Sie putzte Töpfchen! Das tat sie sonst immer montags, aber an diesem Montag würde sie ja dazu keine Zeit haben.
Als alle Töpfchen geputzt waren, holte sie eine große Decke und hängte sie über die Töpfchen. Dabei sang sie:

»Tri-tri-tri-tra – was bin ich froh,
denn morgen geht's nach Mexiko . . .

So, damit die Töpfchen nicht verstauben, während wir fort sind«, sagte sie und zupfte noch einmal die Decke zurecht. In dieser Nacht konnten sie vor Aufregung kaum schlafen.

Am nächsten Morgen wachte die Töpfchenhexe früh auf.

Um neun Uhr ging es los.
Für Schluribumbi nahm sie geräucherte Würstchen mit.
Suseldrus schleppte sein Angelzeug an.
»Was ist, wenn man in Mexiko gar nicht angeln kann?« fragte die Töpfchenhexe den Zauberer.
»Ach, ich nehme es auf alle Fälle mit, schaden kann es nicht.«
»Nur tragen mußt du es«, gab die Töpfchenhexe zu bedenken.
Suseldrus hängte sich sein Angelzeug um, und so zogen sie los. Am Flughafen angekommen, holten sie zuerst die Reisepässe ab. Herr Kowalskie wünschte ihnen eine gute Reise, und dann konnten sie schon in das Flugzeug einsteigen.
Die Töpfchenhexe setzte sich auf einen Fensterplatz, nahm Schluribumbi auf den Schoß, und der Zauberer setzte sich neben sie.
Mit lautem Getöse wurden die Triebwerke in Gang gebracht, das Flugzeug ruckte kurz an und rollte dann immer schneller über die Piste. Schließlich hob es vom Boden ab, und die Töpfchenhexe griff nach dem Arm des Zauberers. Ein bißchen unheimlich war ihr die Fliegerei schon.
»Ja, so ist das Fliegen«, sagte Suseldrus und lehnte sich zurück, was ihm die Töpfchenhexe sogleich nachmachte.
Nur Schluribumbi richtete sich auf.
Er sah die Töpfchenhexe mit dem gleichen Blick an, mit dem er immer zu gucken pflegte, wenn er hungrig war.
»Bist du schon hungrig?« fragte die Töpfchenhexe.

Schluribumbi schüttelte den Kopf. Ihm war schlecht.
»Eben nicht, mehr so das Gegenteil«, murmelte er, während das Flugzeug immer höher flog und bisweilen kräftig wackelte.
»Ich habe mich übrigens erkundigt«, sagte Suseldrus, »sechzehn Stunden fliegen wir nach Mexiko.«
»Das ist lange«, mauzte der Kater und versuchte einzuschlafen. Das gelang ihm auch, und als er aufwachte, wackelte das Flugzeug nicht mehr, und Schluribumbi fand das Fliegen recht interessant, besonders als er hinter sich sagen hörte:
»Ah, Würstchen ›Cordon bleu‹ mag ich nicht, du kannst meine Portion essen, ich trinke nur den Tomatensaft.«
Die Stewardeß servierte den Fluggästen das Essen auf kleinen Brettern, und auch Suseldrus und die Töpfchenhexe bekamen ihre Portion.
Schluribumbi sah gar kein Würstchen, nur eine dicke Scheibe Schinken, die zusammengerollt war und aus der ein bißchen Käse guckte.
Suseldrus trank, ohne abzusetzen, das Glas mit dem Tomatensaft leer. So durstig war er.
Die Töpfchenhexe rollte die Schinkenscheibe auf, und zum Vorschein kam ein Würstchen, das mit einer Scheibe Käse gefüllt war.
Käse mochte Schluribumbi überhaupt nicht.
Die Töpfchenhexe, die das wußte, nahm die Käsescheibe heraus und schob die beiden Wursthälften Schluribumbi hin.
Der fraß sie, aber satt wurde er davon nicht. So bekam er

auch noch eines der mitgebrachten geräucherten Würstchen.

Dies war ihr Abendessen gewesen. Draußen begann es dunkel zu werden. Die Töpfchenhexe versuchte aus ihrem kleinen Fenster etwas zu erkennen, aber es war einfach schon zu finster. Sie lehnten sich in ihren Sitzen zurück, bekamen von der freundlichen Stewardeß ein Polster und eine Decke und schliefen ein. Schluribumbi rollte sich auf dem Schoß der Töpfchenhexe zusammen und schlief dort fast so gut wie zu Hause in der Hütte im Tannenwald.

Plötzlich wurde Schluribumbi unsanft geweckt, denn er wäre beinahe vom Schoß der Töpfchenhexe gefallen. Sie hatte sich weit vorgebeugt, um aus dem Fenster sehen zu können. Das Flugzeug flog tiefer, draußen war herrlichster Sonnenschein, und unter sich sahen sie das Meer, den Strand und gleich hinter dem Strand eine Kette von riesigen, hohen Häusern. Und dann war ganz plötzlich das Meer verschwunden, gelbe, grünbraune, lila und blaue Felsen tauchten vor ihnen auf.

»Wieso sind die Felsen wohl blau?« wunderte sich die Töpfchenhexe.

»In einer Stunde und zehn Minuten landen wir in Mexiko«, sagte die Stewardeß, als sie vorbeiging. Suseldrus machte in sein Notizbüchlein ein paar Eintragungen. Und dann war es soweit:

Das Flugzeug flog immer tiefer, näher und näher kam der Boden, und dann berührten die Flugzeugräder die Erde.

Nun rollte das Flugzeug aus, erst sehr schnell, dann immer langsamer, und schließlich stand es still.
Aus dem Lautsprecher klang die Stimme des Flugkapitäns: »Willkommen in Mexiko«, sagte er und fügte hinzu: »Wir wünschen allen unseren Fluggästen einen angenehmen Aufenthalt!«
Schluribumbi, Suseldrus und die Töpfchenhexe waren die letzten Fluggäste, die ausstiegen.
Die drei liefen in die Flughafenhalle, und erst dort sagte die Töpfchenhexe:
»Und nun?«
Schluribumbi reckte und streckte sich, schüttelte sich kurz und sagte dann:
»Nun, nun sehen wir am besten nach, wann das nächste Flugzeug zurückfliegt.«
Die Töpfchenhexe und Schluribumbi waren stehengeblieben, Suseldrus jedoch war weitergegangen.
»Suseldrus«, sagte die Töpfchenhexe zögernd, als sie den Zauberer eingeholt hatte, »Suseldrus . . .«
Der Zauberer blieb stehen und schaute fragend auf die Töpfchenhexe. Mit großen verschreckten Augen blickte sie in der Halle des Flughafens von Mexiko umher, der rechte blaue Strumpf war etwas verrutscht, die Schürze war durch den schlafenden Kater ganz verdrückt worden.
»Suseldrus – man kann doch nicht –«, die Töpfchenhexe zog die Schultern hoch, »man kann doch nicht bloß wegen eines einzigen Töpfchens bis nach Mexiko fliegen, oder?«
»Doch, doch«, beschwichtigte sie der Zauberer, »andere

Leute fahren bloß nach Mexiko, um ihre Tante zu besuchen oder um irgend etwas zu kaufen oder zu verkaufen. Komm nur!«

Suseldrus öffnete die Flughalltentür, und Schluribumbi spazierte als erster hinaus.

Suseldrus rieb sich die Augen. Die Sonne war heißer und heller als zu Hause.

Er setzte seine grüne Studierbrille auf. Die Töpfchenhexe nahm ihr Kopftuch ab. Auch die Strümpfe hätte sie am liebsten ausgezogen.

»Mir macht die Hitze gar nichts aus«, sagte höchst vergnügt der Kater, »die paar Minuten, die wir noch in Mexiko sein werden, die halte ich schon noch aus.«

Er hatte sich auf die Treppe gesetzt, seinen Schwanz um die hinteren Beine geringelt und schaute sehr gelassen drein.

»Wieso nur noch ein paar Minuten?« fragte die Töpfchenhexe. »Wir bleiben wohl noch ein bißchen länger in Mexiko.«

»Wir sind doch wegen deines einhundertundersten Töpfchens hierher nach Mexiko geflogen, nicht wahr?« fragte der Kater. »Und weil dein einhundertunderstes Töpfchen da drüben steht, können wir gleich wieder zurückfliegen.«

Der Kater schaute in eine ganz bestimmte Richtung. Suseldrus und die Töpfchenhexe folgten seinem Blick.

»Schluribumbi, du bist ein Prachtkater«, rief die Töpfchenhexe erfreut. »Suseldrus, du hast recht gehabt, als du gesagt hast, wenn wir erst in Mexiko sein würden, würde sich schon alles finden. Bitte schön, laß uns die Töpfchen anschauen!«

Sie lief die Treppen hinunter zu einer alten Indianerfrau, die auf einem runden Hocker saß und rechts und links zwei große Körbe stehen hatte. Sie waren angefüllt mit genau solchen Indianertöpfchen, wie sie die Töpfchenhexe in dem Mexikobuch gesehen hatte. Als die alte Indianerfrau die drei Fremden auf sich zukommen sah, winkte sie vergnügt mit den Armen, lachte und suchte aus den Körben ein flaches Schälchen, das sie mit etwas Wasser füllte und vor Schluribumbi hinstellte. Dann nahm sie die schönsten Töpfchen, die sie in der Eile erwischte, baute sie auf einem Brett auf und strahlte die Töpfchenhexe an.

»Nun ist Mexiko bald Vergangenheit«, sagte Schluribumbi.

»Suseldrus, das Töpfchen O-die-wip-tie, das Töpfchen der Vergangenheit . . .«, sagte die Töpfchenhexe, »ich wollte doch . . .«

Doch Suseldrus fing schon an, auf seltsame Weise mit der Indianerfrau zu sprechen, die Töpfchenhexe und Schluribumbi verstanden kein Wort. Er sprach nämlich spanisch.

Die Indianerfrau fuchtelte beim Sprechen mit den Armen, doch Suseldrus verstand sie und nickte mit dem Kopf, und dann holte er etwas Geld hervor und gab es der Indianerfrau.

Er hatte damit das Schälchen bezahlt, aus dem Schluribumbi getrunken hatte.

Die Töpfchenhexe wollte so gerne wissen, was Suseldrus mit der Indianerfrau besprochen hatte.
»Jetzt habe ich erst einmal Durst, nachher erzähle ich dir alles.«
»Da vorne ist ein Brunnen, da kannst du einen Schluck Wasser trinken!«
Aber Suseldrus schüttelte den Kopf.

»Kaltes Wasser trinke ich nie. Davon kriege ich Bauchweh. Hast du überhaupt Bauchwehteeblätter mit?«
Die Töpfchenhexe schüttelte den Kopf und holte aus ihrer Tasche drei Beutel mit Teeblättern.
»Zauberteeblätter habe ich mit, Husten- und Schnupfenteeblätter und Durstwegteeblätter.«
Der Durstwegtee brachte den Durst für einen ganzen Tag zum Verschwinden.
»Dann koche bitte Durstwegtee«, bat Suseldrus.
»Ohne Herd kann man schlecht kochen«, bemerkte Schluribumbi.
»Ich brauche kochendes Wasser für den Tee. Trinke doch ruhig das Wasser hier aus dem Brunnen, es schaut sehr sauber aus«, sagte die Töpfchenhexe. Sie meinte es gut mit Suseldrus.
Der schüttelte den Kopf.
»Kochendes Wasser zaubere ich dir. Wenn du dann den Tee bereitest, ist alles in Ordnung.«
Suseldrus nahm das Schüsselchen, aus dem Schluribumbi vorhin getrunken hatte, und füllte es mit Brunnenwasser.
»Und wie zauberst du jetzt?« fragte die Töpfchenhexe.
Aber Suseldrus antwortete nicht. Er wollte nicht gestört werden. Schluribumbi war inzwischen zu einigen Kindern gelaufen, die mit Kugeln im Sand spielten. Als die Töpfchenhexe mit dem Kater auf dem Arm zu Suseldrus zurückkam, kochte das Wasser. Die Töpfchenhexe wollte wissen, wie er denn das gezaubert habe, aber Suseldrus schwieg. Er verriet nicht gerne seine Tricks.
Die Töpfchenhexe schüttete die Durstwegteeblätter in das

kochende Wasser. Zuerst färbte es sich blau, dann grün. Aber erst als es sich lila färbte, war der Tee fertig. Suseldrus wollte gleich trinken, denn er dachte an den Husten- und Schnupfentee, den man so heiß wie möglich trinken mußte, und außerdem hatte er großen Durst. Doch die Töpfchenhexe hielt ihn zurück.

Den Durstwegtee konnte man erst trinken, wenn er völlig abgekühlt war. Erst dann wirkte er so, daß er den Durst für einen Tag zum Verschwinden brachte.

Suseldrus setzte sich auf den Brunnenrand und wartete. Als er endlich den Tee trinken konnte, fühlte er sich gleich sehr wohl.

»Da drüben ist eine Bank, dort setzen wir uns hin, und ich erzähle euch, was die Indianerfrau gesagt hat.«

Sie machten es sich im Schatten eines Baumes mit roten Blüten bequem.

»Also, alle paar Wochen kommt Pa-paa-keh, der Bruder der Indianerfrau, aus dem Indianerdorf und bringt neue Töpfchen, die dort gemacht wurden. Der Bruder fährt heute abend zurück in sein Dorf, und wenn wir wollen, können wir mitfahren und dort die Indianer, die diese Töpfchen machen, besuchen.«

Als die Töpfchenhexe das hörte, wurde sie trotz der Hitze putzmunter.

»Wann kommt dieser Bruder? Und wann können wir fahren?« fragte sie Suseldrus.

»Pa-paa-keh kommt heute abend. Er holt die alte Indianerfrau ab, nimmt die leeren Körbe und fährt dann gleich los. Und wir dürfen mit!«

Darauf lehnte sich Suseldrus zurück, schloß die Augen und wollte eigentlich einschlafen.
Aber das ging natürlich nicht, bevor die Töpfchenhexe nicht alles genau wußte.
»Wohin fahren wir, Suseldrus?«
»Wir fahren nach Kalix-Ha-Hucla.«
Suseldrus tat einen langen, tiefen Atemzug, und sein Kopf fiel leicht zur Seite.
»Suseldrus, was ist Kalix-Ha-Hucla? Und womit fahren wir und . . .«
»Und vor allen Dingen – wann sind wir wieder da?« unterbrach Schluribumbi.
»Kalix-Ha-Hucla heißt das Dorf, in dem die Indianer wohnen, und wir werden mit dem Auto fahren. Das wird ungefähr drei Tage dauern, dann dürfen wir so lange in dem Dorf zu Gast sein, bis wir zurück möchten. Wir dürfen bei Si-chum-no-vi wohnen und Ku-hix-hauxli . . .«
Suseldrus war eingeschlafen. Obwohl die Neugierde die Töpfchenhexe kurze Zeit sehr munter gemacht hatte, war sie doch durch die Hitze genauso müde wie Suseldrus und Schluribumbi. So machten alle drei ein Schläfchen.
Als sie ausgeschlafen hatten, war der Nachmittag immer noch nicht herum, und sie beschlossen, ein wenig spazierenzugehen. Dabei kamen sie an einem Markt vorbei.
Töpfe und Töpfchen standen herum, eine Indianerfrau bot Sandalen und Körbe an. Ein Mexikaner, der so dunkelbraun war, daß er fast schon schwarz war, verkaufte Hüte, die aus Stroh geflochten waren.

Die Töpfchenhexe hatte so schöne, farbenprächtige Sachen noch nie gesehen und schaute sich alles genau an. Und dann war Schluribumbi plötzlich weg. Ehe die Töpfchenhexe Suseldrus Bescheid sagen konnte, war auch der Zauberer im Menschengewühl verschwunden.
Nun stand die Töpfchenhexe allein da. Aber nicht lange, denn als sie sich umdrehte, sah sie Schluribumbi auf dem Arm eines Indianers, der ihn gerade mit bunten Bändern schmückte. Ein Indianerkind versuchte Schluribumbi mit einer süßen klebrigen Masse zu füttern.
Die Töpfchenhexe rettete ihren Kater.
Der Indianer lachte, packte die Töpfchenhexe samt ihrem Kater und hob sie auf seine Schulter. Inzwischen waren immer mehr Mexikaner und Indianer stehengeblieben und schauten den dreien zu. Der Indianer fing an, mit der Töpfchenhexe und Schluribumbi auf den Schultern zu tanzen, ließ im Übermut die Töpfchenhexe los, klatschte in die Hände, und die Töpfchenhexe fiel von den Schultern des Indianers herunter. Im Fallen hielt sie Schluribumbi fest umklammert.
Aber sie berührte den Boden nicht, der Indianer fing sie vorher auf und wollte sie festhalten. Doch er erwischte nur die Zipfel der Schürzenbänder. Die Töpfchenhexe rannte fort, die Bänder gingen auf, doch ihr war die Schürze egal. Sie hatte genug von diesem aufregenden mexikanischen Markt.
»Soll ich zurückgehen und die Schürze holen?« bot sich Suseldrus an, der durch den Wirbel herbeigelockt worden war. Die Töpfchenhexe schüttelte den Kopf.

»Es war zwar eine von meinen Lieblingsschürzen, aber ich will lieber gehen.«

Da fühlte sie plötzlich, wie sich zwei Arme um ihren Bauch schlangen, sie sah zwei Hände und – ihre Schürze.

Der Indianer war ihnen nachgelaufen und band nun der überraschten Töpfchenhexe die Schürze wieder um. Dann legte er beide Hände vor das Gesicht und fing an zu jammern. Erschreckt und hilflos schauten Suseldrus, Schluribumbi und die Töpfchenhexe einander an. Da nahm der Indianer die Hände vom Gesicht und lachte, er hatte nur Spaß gemacht.

Ehe sich die Töpfchenhexe von ihrer Überraschung erholen konnte, hatte er sie wieder ergriffen, drückte sie an sich, duckte sich und begann mit der Töpfchenhexe einen wilden Tanz zu tanzen. Das sah so komisch aus, daß alle lachen mußten. Die herumstehenden Mexikaner und Indianer klatschten in die Hände und sangen und tanzten bald alle mit.

Suseldrus hatte vorsichtshalber Schluribumbi auf den Arm genommen.

Als der Indianer merkte, daß die Töpfchenhexe müde wurde, hielt er mit dem wilden Tanz inne.

Und ehe die Töpfchenhexe begriff, was vor sich ging, hatte der Indianer in seine Tasche gegriffen, er drückte der Töpfchenhexe etwas in die Hand und verschwand. Ein silbernes Kettchen war es. Sie war so verwirrt, daß sie es Suseldrus geben wollte. Da trat eine junge Mexikanerin auf sie zu, nahm das silberne Kettchen und legte es der Töpfchenhexe um den Hals.

Erst jetzt sah sie, daß in der Mitte des Kettchens ein winziger blauer Edelstein hing.
Die Mexikanerin nahm dieses Steinchen vorsichtig in die Hand und drehte es zusammen mit dem Kettchen mal nach rechts und mal nach links. Dabei sprach sie auf Suseldrus ein und erklärte ihm etwas.
Suseldrus nickte, und dann übersetzte er:
»Das ist ein besonderes Kettchen«, sagte Suseldrus. »Die Indianer schenken solche Kettchen ihren Frauen und Töchtern. Wenn der kleine Edelstein mehr nach rechts schaukelt, dann bringt der nächste Tag Glück, und wenn er mehr nach links schaukelt, dann wird am nächsten Tag dieser Frau oder diesem Mädchen etwas Trauriges passieren. So können die Mädchen und Frauen, die so ein Kettchen tragen, den kleinen blauen Edelstein beobachten und wissen über den nächsten Tag Bescheid.«
»Dieses Kettchen«, antwortete die Töpfchenhexe, »wird mir genauso viel bedeuten wie mein einhundertunderstes Töpfchen, das Töpfchen O-die-wip-tie, das ich so gerne haben möchte.«
»Und dieses einhundertunderste Töpfchen wirst du sowieso nicht kriegen«, sagte Schluribumbi voraus. »Dieses Töpfchen gibt es nur einmal in jedem Indianerdorf. Kein Indianerhäuptling schenkt es her, wir brauchen gar nicht erst mit Pa-paa-keh nach Kalix-Ha-Hucla zu fahren.«
Die Töpfchenhexe bewegte sich etwas und schaute dabei auf das Kettchen und auf den kleinen blauen Edelstein.
Er drehte sich nach rechts, und das bedeutete Glück für den nächsten Tag!

Strahlend sah die Töpfchenhexe Schluribumbi an. Dann aber nahm sie den Kater hoch, und als sie sich bückte, sah Schluribumbi, wie der kleine Stein sich nach links bewegte.
»Und eben hat er sich nach links gedreht«, bemerkte er.
Da legte die Töpfchenhexe ihre linke Hand auf das Kettchen und hielt den Edelstein so fest, daß er sich nicht bewegen konnte.
»Vorhin hat er sich nach rechts gedreht, und dabei bleibt's«, sagte sie.
Aber nun mußten sie sich beeilen, denn es wurde Abend, und sie wollten doch die Indianerfrau und ihren Bruder am Flughafen treffen.
Doch dort war außer einem kleinen verbeulten Auto nichts zu sehen.
Als sie näher kamen, hörten sie fröhliche mexikanische Musik. Hinter dem Auto hockte ein Indianer am Boden und hielt ein kleines Kofferradio in den Händen. Und im Auto entdeckten sie gleichzeitig die beiden leeren Körbe.
Es war das Auto von Pa-paa-keh, der schon auf die drei gewartet hatte und sich freute, daß sie endlich gekommen waren. Pa-paa-keh setzte sich ans Steuer, Suseldrus daneben, und die Indianerin setzte sich mit der Töpfchenhexe und dem Kater nach hinten zu den Körben.
Als Pa-paa-keh losfuhr, sang die Töpfchenhexe ganz leise:

»Tri-tri – tra – tri – tri
Töpfchen O – die – wip – tie.«

CM - 153

»Sagtest du etwas?« fragte Schluribumbi.
»Nein, nichts«, antwortete die Töpfchenhexe und schloß die Augen.
Sie dachte an ihre Hütte im Wald mit den einhundert Töpfchen, die mit einer Decke zugedeckt waren, damit sie in ihrer Abwesenheit nicht verstauben sollten. Und dann dachte sie voll Sehnsucht an das schöne Töpfchen O-die-wip-tie. Ob sie es wohl jemals zu sehen bekommen würde?
Bald hatten sie die Stadt verlassen, die Erde war eigenartig rosa gefärbt, und große Kakteen säumten den Weg.
Als es anfing dunkel zu werden, lenkte Pa-paa-keh sein kleines Auto an den Straßenrand und hielt an.
Hinten aus dem Auto holte er ein Zelt und baute es auf. Suseldrus wollte ihm helfen, doch Pa-paa-keh wollte es alleine machen.
Die Töpfchenhexe streckte sich und schaute sich die Gegend an. Im Hintergrund sah sie große Felsen, vor ihnen die rote Erde und überall Kakteen, die fast so groß wie kleine Häuser waren.
Die Töpfchenhexe ging mit Suseldrus auf die Kakteen zu, um sie näher anzuschauen, und Schluribumbi schlich ihnen nach. Plötzlich miaute er ganz jämmerlich. Er war auf einen kleinen Kaktus getreten und hatte nun einen Stachel in der Pfote. Die Töpfchenhexe hob ihn auf, und Schluribumbi hielt Suseldrus die Pfote hin. Aber weder Suseldrus noch die Töpfchenhexe konnten den Stachel sehen.
Sie gingen zurück zu Pa-paa-keh, der inzwischen das

Zelt fertig aufgebaut hatte und sich bereits niedergelegt hatte und schlief. Zwei bunte Wolldecken hatte er als Betten für die Töpfchenhexe und Suseldrus hingelegt und eine kleine für Schluribumbi. Schuribumbi humpelte immer noch.

Vorsichtig, um Pa-paa-keh und seine Schwester nicht zu wecken, krochen Suseldrus und die Töpfchenhexe in die Decken, und auch Schluribumbi rollte sich in seiner kleinen Wolldecke ein. Pa-paa-keh schnarchte, Suseldrus war auch gerade eingeschlafen, die Töpfchenhexe hatte die Augen geschlossen, als sich Schluribumbi neben ihr bewegte und plötzlich vor Schmerzen laut miaute.

Die Töpfchenhexe richtete sich auf, Suseldrus wachte auf, und beide beugten sich über den Kater.

»Jetzt ist der Stachel in meiner Pfote an der Wolldecke hängengeblieben«, mauzte er.

»Praktischer geht's doch nicht«, sagte die Töpfchenhexe. Und dann zog sie ganz einfach an der Wolldecke, und mit einem Ruck war der Stachel aus der Pfote draußen.

In der Wolldecke hing er nun. Das Herausziehen war so schnell gegangen, daß Schluribumbi gar nicht dazu gekommen war: »Mi – auuuuuu« zu schreien. Dann schliefen alle wieder ein.

Am Morgen bewirtete Pa-paa-keh sie mit geröstetem Maisbrot, und dann fuhren sie noch zwei Tage durch das Land mit den vielen Kakteen und der schönen roten Erde.

Sie machten kaum eine Pause. Als die Töpfchenhexe dann von weitem das Indianerdorf Kalix-Ha-Hucla sah, bekam sie doch ein bißchen Herzklopfen.

»Du, Suseldrus, was hast du eigentlich genau mit der Schwester von Pa-paa-keh besprochen? Hast du ihr gesagt, daß wir in ein Indianerdorf möchten, um das Töpfchen O-die-wip-tie zu sehen?«
Die Töpfchenhexe sagte »sehen« anstatt »kriegen«, denn sie wußte genau, daß das Töpfchen O-die-wip-tie, das es in jedem Indianerdorf nur einmal gab und das den Indianern besonders viel bedeutete, bestimmt nicht zu bekommen war.
»Nein«, antwortete Suseldrus, »ich habe nur gefragt, wie wir in ein Indianerdorf kommen könnten, weil wir einmal zusehen möchten, wie die Töpfchen gemacht werden.«
Als sie ankamen, sahen Suseldrus, die Töpfchenhexe und Schluribumbi viereckige Häuser aus getrockneten Lehmziegeln. Vor diesen Häusern saßen Indianerfrauen. Neben sich hatten sie große Klumpen Ton liegen, aus dem sie Töpfchen formten.
Das war also Kalix-Ha-Hucla!
Das kleine verbeulte Auto von Pa-paa-keh hielt an.
So schnell, wie Vögel fliegen können, war plötzlich eine ganze Schar von Kindern da. Alle staunten, daß Pa-paa-keh Besuch mitgebracht hatte. Pa-paa-keh hob seine drei Kinder hoch und küßte sie.
Suseldrus stieg aus und wurde von Pa-paa-kehs Frau umarmt, Schluribumbi sprang aus dem Auto, und alle Kinder wollten ihn am liebsten auf den Arm nehmen. Der arme Kater wurde fast erdrückt und schaute sich hilfesuchend nach der Töpfchenhexe um, die noch im Auto war.
Sie hatte beide Hände voll und wollte geschwind aus dem

Auto springen, dabei rutschte sie aus. Sie fiel so unglücklich zu Boden, daß sie sich ein Bein brach.
Alle waren entsetzt. Pa-paa-keh hob die Töpfchenhexe auf. Ihre sonst so vergnügt lachenden Augen drückte sie fest zu. Niemand brauchte zu sehen, daß sie am liebsten vor Schmerzen geweint hätte.
Durch die Menge der neugierig guckenden Dorfbewohner kam ein großer Mann, dessen Haare bis weit über die Schultern reichten. Er trug einen prächtigen Umhang und besonders schöne Sandalen. Es war Ku-hix-haux-li, der Häuptling dieses Dorfes. Er begrüßte zuerst Suseldrus, schaute freundlich auf Schluribumbi, und als er erfuhr, was der Töpfchenhexe passiert war, schickte er sogleich nach Si-chum-no-vi.
Si-chum-no-vi war die wichtigste Frau in Kalix-Ha-Hucla, die einfach alles konnte und alles wußte.
Sie ging zur Töpfchenhexe und stellte einen kleinen Eimer voll Ton, den sie mitgebracht hatte, neben sich. Aus ihrer Schürzentasche holte sie ein Bündel Lappen.
Dann umwickelte sie das gebrochene Bein mit den Lappen, und darüber strich sie vorsichtig den Ton. Schon beim Bestreichen wurde der Ton hart wie Stein und gab dem Bein einen festen Halt. Denn jede Bewegung des Fußes tat der Töpfchenhexe sehr weh.
Ku-hix-haux-li trug die Töpfchenhexe in das Haus von Si-chum-no-vi, Suseldrus ging neben ihnen und tröstete die Töpfchenhexe.
Schluribumbi wurde ebenfalls getragen. Glücklich drückte ein kleines Indianermädchen den Kater an sich und

schmiegte ihr Gesicht in Schluribumbis weiches Fell.
In ihrem Haus machte Si-chum-no-vi aus roten und grünen Wolldecken ein Bett für die Töpfchenhexe.
Dann kochte Si-chum-no-vi einen Tee. Es war gelber Tee, in den Si-chum-no-vi schwarzen Zucker gab. Die Töpfchenhexe trank den Tee, und als die Tasse leer war, fühlte sie,

wie die Schmerzen verschwanden. Dann wurde sie müde und schlief sofort ein.
Si-chum-no-vi scheuchte alle aus ihrem Haus, damit die Töpfchenhexe ungestört schlafen konnte.
Suseldrus wohnte bei Este-va-nico. Este-va-nico war der Bruder von Si-chum-no-vi.
Und Schluribumbi?
Der Kater durfte bei Kui-kuk-killi-ko, dem kleinen Indianermädchen, schlafen.

Am nächsten Morgen wachte die Töpfchenhexe sehr spät auf. Als sie auf ihr rechtes, mit Ton beschmiertes Bein sah, mußte sie lachen, denn es war mit lauter bunten Girlanden und Vögeln bemalt. Es war genauso bunt wie die Töpfchen, die Si-chum-no-vi gerade angemalt hatte.
Si-chum-no-vi lachte laut über die gelungene Überraschung.
Drei Tage blieb die Töpfchenhexe noch liegen, dann humpelte sie mit ihrem Bein aus Ton ein wenig herum.
Sie schaute den Indianerfrauen beim Korbflechten zu und lernte von Si-chum-no-vi das Töpfern. Das beschäftigte sie so, daß sie ihr rechtes Bein und ihren Kummer damit fast vergaß.
Auch um Schluribumbi mußte sie sich nicht viel kümmern. Er war bei Kui-kuk-killi-ko sehr gut aufgehoben.
Obwohl das mit bunten Girlanden und Vögeln verzierte Tonbein wirklich hübsch aussah und die Töpfchenhexe sich fast an das Humpeln gewöhnt hatte, zählte sie doch die Tage, bis sie wieder richtig laufen konnte.

Während der langen Wartezeit war Schluribumbi immer öfter verschwunden, und wenn ihn die Töpfchenhexe fragte, wo er denn gewesen sei, grinste der Kater geheimnisvoll. Und dann kam am Sonntagabend der große Augenblick. Alle standen in Si-chum-no-vis Haus und guckten zu, wie sie mit einem Stein und mit einem Messer den Ton vom Bein der Töpfchenhexe abklopfte.
Es war fast schade um die schöne Verzierung!
Als die Scherben herumlagen, bewegte die Töpfchenhexe vorsichtig das rechte Bein.
Der Fuß tat noch weh, und als die Töpfchenhexe das merkte, wollte sie sich am liebsten gleich wieder hinsetzen.
Aber sie mußte sich ja doch an das Laufen ohne den Tonverband gewöhnen. Tapfer humpelte sie bis zur Tür. Als sie sich wieder umdrehte, lag ein Geschenk auf ihrem Stuhl: ein von den Indianerfrauen gewebter roter Rock, auf dem vorne das genaue Abbild Schluribumbis zu sehen war.
Das war also der Grund für sein Verschwinden gewesen!
Die Indianerfrauen hatten ihn beim Weben immer anschauen müssen. Der Kater war riesig stolz.
Die Töpfchenhexe probierte gleich diesen schönen Rock an, er paßte tadellos.
»Das bin ganz genau ich«, sagte Schluribumbi, »sieh her, sogar meinen weißen Fleck hier auf dem Bauch haben sie mit hineingewebt.«

Nach einer Woche konnte die Töpfchenhexe wieder

normal gehen. Und jetzt genoß sie ihren Besuch in Kalix-Ha-Hucla erst so richtig. Suseldrus und Schluribumbi, die schon alles erkundet hatten, zeigten ihr das Dorf und führten sie auch in den angrenzenden Wald.
Suseldrus und Schluribumbi waren ein Stück vorgegangen. Die Töpfchenhexe blieb plötzlich stehen und bückte sich. Sie hatte etwas gefunden.
Eine kleine handgeschnitzte Holzpuppe war es. Die Töpfchenhexe sah die Puppe unter einem Blätterhaufen liegen und hob sie auf.
Die Puppe war schwarz angemalt, nicht größer als eine Hand, und auf der schwarzen Farbe waren rote, grüne, gelbe und blaue Tupfen.

»Suseldrus, Schluribumbi, seht doch mal her!« rief die Töpfchenhexe.

Die beiden kamen gelaufen, und Suseldrus nahm der Töpfchenhexe die Puppe aus der Hand.

»Die gehört Ku-hix-haux-li«, sagte er, »der Häuptling muß sie im Wald verloren haben.«

»Hat die Puppe irgendeine besondere Bedeutung?« fragte die Töpfchenhexe. Suseldrus nickte.

»Diese Puppe hat bestimmt eine besondere Bedeutung, denn Ku-hix-haux-li hat sie immer in der Tasche.«

»Und nun?« fragte die Töpfchenhexe.

»Nun bringen wir die Puppe Ku-hix-haux-li. Vielleicht hat er sie noch gar nicht vermißt.«

Der Häuptling hatte die Puppe wirklich noch nicht vermißt. Er freute sich sehr, als die Töpfchenhexe, Suseldrus und Schluribumbi kamen und ihm die Puppe wiederbrachten.

Zum Dank lud er alle drei ein, mit ihm Tee zu trinken und dazu kleine Maiskuchen zu essen. Die Maiskuchen schmeckten gut und der Tee fremdartig.

Die Töpfchenhexe nahm einen kleinen Schluck und noch einen und versuchte herauszufinden, aus welchen Kräutern der Tee wohl gekocht war.

Während die Töpfchenhexe langsam und prüfend den Tee trank, ließ sie ihre Blicke durch die Hütte des Indianerhäuptlings schweifen.

Da entdeckte sie etwas. Und vor Aufregung verschluckte sie sich beinahe. Die Töpfchenhexe wies auf ein Regal: »Suseldrus – da – da steht es!«

Suseldrus hatte sich mit dem Häuptling unterhalten. Ku-hix-haux-li erklärte dem Zauberer gerade, welche Bedeutung die Holzpuppe hatte. Jetzt unterbrachen sie das Gespräch, und Suseldrus schaute ebenfalls auf das Regal. Dort stand das Töpfchen O-die-wip-tie!

Auch Suseldrus war überrascht, das Töpfchen O-die-wip-tie, das er nur aus Büchern kannte, so unvermutet vor sich zu sehen. Ku-hix-haux-li holte das Töpfchen herunter. Er reichte es der Töpfchenhexe.

Andächtig hielt die Töpfchenhexe das Töpfchen O-die-wip-tie in den Händen. Es sah genau aus wie das Töpfchen in dem Mexikobuch. Nur innen war es rot angemalt. Als die Töpfchenhexe die rote Farbe anschaute, wurde sie plötzlich ganz fröhlich.

Sie schob das Töpfchen O-die-wip-tie Suseldrus zu und fragte ihn, ob auch er vom Betrachten der roten Farbe besonders fröhlich würde.

Auch Suseldrus wurde beim Anschauen der roten Farbe vergnügt. Verwundert fragte der Zauberer den Häuptling, ob das wohl Einbildung sei.

Der Häuptling erklärte Suseldrus, daß es keine Einbildung sei. Er sagte:

»Die rote Farbe in dem Töpfchen bedeutet die Zukunft. Wenn man diese rote Farbe ein Weilchen betrachtet, dann wird man vergnügt, weil die Zukunft schön ist und man sich auf die Zukunft freuen soll.«

Diese Erklärung übersetzte Suseldrus der staunenden Töpfchenhexe.

»Und wenn das Töpfchen O-die-wip-tie, das Töpfchen

der Vergangenheit, auch eine Zukunft hat, gibt es dann auch die Gegenwart auf dem Töpfchen?« fragte die Töpfchenhexe.
Suseldrus übersetzte die Frage.
Zur Antwort nickte der Häuptling. Er strich mit dem Finger über den Rand des Töpfchens, der rauh und rissig war.
»Dieser rauhe Rand des Töpfchens bedeutet die Gegenwart. Denn in der Gegenwart ist manchmal nicht alles so schön und das Arbeiten oft mühsam.«
Die Töpfchenhexe betrachtete lange und aufmerksam das Töpfchen O-die-wip-tie.

Am nächsten Tag setzte sich die Töpfchenhexe wieder zu den Indianerfrauen und töpferte. Am dritten Tag sahen Suseldrus und Schluribumbi, was es geworden war:
Die Töpfchenhexe hatte ein zweites Töpfchen O-die-wip-tie getöpfert! Es glich dem echten Töpfchen O-die-wip-tie zum Verwechseln.
Während die Töpfchenhexe wartete, daß das Töpfchen trocknete, setzte sie sich zu den spielenden Indianerkindern. Die waren gerade dabei, Schluribumbi etwas beizubringen:
Die Kinder konnten unbeschreiblich schnell ihre Arme im Kreis bewegen, und Schluribumbi versuchte es nachzumachen: mit seinem Schwanz. Aber es klappte nicht. Sosehr sich der Kater auch bemühte, es wurde kein Schwanzkreisen, sondern nur ein Schwanzwackeln. Die Indianerkinder hatten ihren Spaß daran und lachten.

Am Abend war das selbstgemachte Töpfchen O-die-wip-tie trocken. Die Töpfchenhexe holte es aus seinem Versteck hervor.
Suseldrus und Ku-hix-haux-li waren in den Wald gegangen. Die Töpfchenhexe schlüpfte unbemerkt in die Hütte des Häuptlings und griff nach dem echten Töpfchen O-die-wip-tie. Sie verglich die beiden Töpfchen – und da war kein Unterschied zu sehen.

Während die Töpfchenhexe noch dastand und die beiden Töpfchen verglich, kam Ku-hix-haux-li zurück. Schuldbewußt schaute die Töpfchenhexe den Häuptling an. Sie hielt ihm ihre Hände entgegen, in denen die beiden Töpfchen lagen. Dabei lächelte sie. Denn Ku-hix-haux-li konnte nicht unterscheiden, welches das echte Töpfchen und welches das nachgemachte war.
Da stellte die Töpfchenhexe das echte Töpfchen O-die-wip-tie wieder auf das Regal und ließ das unechte in ihre Schürzentasche gleiten.

Am Abend sagte die Töpfchenhexe zu Suseldrus:
»Suseldrus, ich möchte jetzt nach Hause. Ich habe ja nun mein Töpfchen O-die-wip-tie, mein selbstgemachtes.«
Suseldrus war einverstanden. Also gingen sie zu Ku-hix-haux-li, um ihm zu sagen, daß sie nun nach Hause wollten.
Auch der Häuptling war einverstanden.
Am nächsten Tag ging Suseldrus ans Einpacken. Und während der Zauberer mit dem Gepäck beschäftigt war, lief die Töpfchenhexe in ein Maisfeld. Sie wollte ein paar Maiskörner sammeln, um sie zur Erinnerung in das Töpfchen O-die-wip-tie zu legen.
Als sie die Körner vom Erdboden auflas, stand auf einmal Ku-hix-haux-li neben ihr. Er hielt der Töpfchenhexe das echte Töpfchen O-die-wip-tie entgegen.
»Toma – lo te regalo«, sagte der Häuptling.
Aber die Töpfchenhexe verstand ja nicht spanisch und wußte daher nicht, was diese Worte bedeuteten. Sie nickte

dem Häuptling freundlich zu und reichte ihm das Töpfchen zurück.
»Toma – lo te regalo«, sagte Ku-hix-haux-li noch einmal, drückte der Töpfchenhexe das echte Töpfchen in die Hände und ging fort. Verwirrt lief die Töpfchenhexe zu Suseldrus.
Der Zauberer hörte sich alles bedächtig an, dann erklärte er:
»›Toma – lo te regalo‹ heißt übersetzt: ›Nimm, ich schenke es dir‹. Du hast also von Ku-hix-haux-li das echte Töpfchen O-die-wip-tie geschenkt bekommen.«
Glücklich hielt die Töpfchenhexe das echte Töpfchen der Vergangenheit in den Händen.
»Suseldrus, dann möchte ich Ku-hix-haux-li zum Dank mein selbstgemachtes Töpfchen schenken«, sagte sie.
Die Töpfchenhexe und der Zauberer gingen also zum Häuptling und überreichten ihm das Töpfchen. Der Häuptling stellte es auf das Regal. Niemand würde den Unterschied merken.
Nur der Staub fehlte auf dem neuen Töpfchen.

Am Nachmittag reisten sie ab.
Alle winkten dem abfahrenden kleinen blauen Lieferwagen nach. Pa-paa-keh steuerte, und Suseldrus, die Töpfchenhexe und Schluribumbi winkten so lange, bis sie niemanden mehr erkennen konnten.
Wieder fuhren sie drei Tage, bis sie am Flughafen von Mexiko ankamen.
Sie gaben das Gepäck auf. Und nun mußten sie sich von

Pa-paa-keh verabschieden. Pa-paa-keh grinste, um seine Traurigkeit zu verbergen. Da nahm Suseldrus sein Angelzeug, das er nicht benutzt hatte, und schenkte es Pa-paa-keh.

Dann gingen sie zu dem wartenden Flugzeug.

Aber Schluribumbi blieb noch einmal stehen. Und als sich die Töpfchenhexe und Suseldrus nach dem Kater umdrehten, übte Schluribumbi Schwanzkreisen! Weil es aber wieder nur ein Wackeln wurde, lachten alle drei und vergaßen dabei den Abschiedsschmerz.

Als dann das Flugzeug über dem Flughafen von Mexiko schwebte, versuchten sie noch einmal Pa-paa-kehs kleinen blauen, verbeulten Lieferwagen zu entdecken. Aber sie konnten nur noch die hohen Kakteen erkennen, die auf der roten Mexikoerde wuchsen.

Viele Stunden flogen sie zurück. Als sie zu Hause ankamen, freuten sie sich auf einmal sehr. Sie konnten zwar nicht viel von der Umgebung erkennen, denn es war Nacht. Trotzdem fanden sie vom Flughafen den Weg in den Wald.

Und da, wo sich die Wege trennten, saß Eule Mirabellchen.

Suseldrus lief zu seinem Turm, und die Töpfchenhexe eilte mit Schluribumbi ihrer Hütte zu. Alle waren müde und freuten sich darauf, wieder im eigenen Bett zu schlafen.

Da kehrte Suseldrus noch einmal um und begleitete die Töpfchenhexe in ihre Hütte. Er wollte dabeisein, wenn die Töpfchenhexe ihr einhundertunderstes Töpfchen, das

Töpfchen O-die-wip-tie aus Mexiko, auf das Regal zu ihren anderen einhundert Töpfchen stellte.
Die Töpfchenhexe zog die Decke herunter, die sie vor ihrer Abreise über ihre einhundert Töpfchen gehängt hatte. Sie drückte Suseldrus die Decke in die Hand. Dann schob sie fünfzig Töpfchen ein bißchen nach links, und fünfzig Töpfchen schob sie ein bißchen nach rechts. Und in die Mitte stellte sie das Töpfchen O-die-wip-tie aus Mexiko, das nun ihr einhundertunderstes war.
Als Suseldrus fort war, machte die Töpfchenhexe ihr Bett. Schluribumbi legte sich an ihre Füße.
Vor dem Einschlafen murmelte die Töpfchenhexe noch: »Was meinst du, Schluribumbi – ob auch hier zu Hause für jeden vergangenen Tag ein Punkt auf das Töpfchen O-die-wip-tie fliegt? Oder ist das nur in Mexiko so?«
Aber der Kater antwortete nicht mehr. Er schlief schon und wackelte im Traum mit dem Schwanz. Er übte auch im Schlaf noch Schwanzkreisen.
Als alles still und dunkel war, tanzte in der Hütte der Töpfchenhexe ein Staubkorn. Es ließ sich auf das Töpfchen O-die-wip-tie nieder, das nun in der Hütte der Töpfchenhexe stand und ihr einhundertunderstes Töpfchen war.